Círculo Rojo

Sombras en el espejo

SOMBRAS EN EL ESPEJO

Jorge Martínez

Círculo Rojo
EDITORIAL

Primera edición: febrero 2024

Depósito legal: AL 3979-2023

ISBN: 978-84-1061-342-3
Impresión y encuadernación: Editorial Círculo Rojo

Editorial Círculo Rojo
www.editorialcirculorojo.com
info@editorialcirculorojo.com

Impreso en España - Printed in Spain

El papel utilizado para imprimir este libro es 100% libre de cloro y, por tanto, **ecológico**.

PREFACIO

Nunca podemos subestimar el poder de las palabras escuchadas o leídas, y mucho menos viniendo de personas con una amplia experiencia vital y una gran dosis de empatía, al igual que nunca se debe subestimar el poder de las palabras dichas o escritas, y mucho menos viniendo de personas con una increíble energía vital que envuelve todo a su paso.

Me viene a la cabeza un día de otoño en el que el autor de este libro y yo mismo contábamos con quince primaveras ya vividas. Él tenía que cortar el pelo a mucha gente y en poco tiempo. Yo miraba la destreza que atesoraba, pero lo que más me llamaba la atención era la ausencia de miedo a hacerlo mal siendo tan joven. Me miró y me dijo: «Es muy sencillo». Esas tres palabras me llegaron tan adentro que me contagió por completo aquella ausencia de miedo, poniéndome inconscientemente manos a la obra con las tijeras. Alguna foto que guardo con cariño corrobora estas palabras.

El poder de sus palabras no quedó ahí. Aunque no lo crea, siempre le he escuchado con atención y he tenido muy en cuenta sus palabras, más si cabe cuando le pedí ayuda para que me diese alguna noción de cómo afrontar la primera presentación de mi primer libro. Nunca olvidaré aquella charla, la de una persona empática, con ganas de ayudar y comprendiendo aquella situación que me desbordaba. ¡Muchas gracias!

Jorge, mi hermano, con sus defectos y sus virtudes, con sus meteduras de pata y con sus grandes aciertos, siempre me ha ayudado a encontrar el camino y afrontarlo de la mejor manera posible. En este libro, logra mostrar ese camino a través de sus experiencias personales y con la gran complejidad de hacerlo con poesías. Espero que podáis sumergiros como yo en el fondo de cada poema, de cada verso, y desmenucéis cada palabra para ver un interior lleno de vida y energía.

Hasta el más fuerte de los superhéroes tiene alguna debilidad. ¡No sufras si tú tienes dos!

Fdo.: Sergio Jurado

AGRADECIMIENTOS

Dar las gracias es siempre un acto heroico en nuestra sociedad, lo vulnerable suele hacerse polvo sobre las rocas del enfurecido mar del egoísmo. Así de vulnerable como cada una de las emociones que destripo en las páginas de esta vida, quiero mostrarme ante las personas, hechos y deshechos que han provocado esta consecución de páginas numeradas sin orden ni desorden, sin tiempo y temporales, que den un trazo claro y otro oscuro a los ojos que desde la curiosidad quieran descubrir y descubrirse, ante la verdad de lo que cualquiera de nosotros siente y padece y supera, desde siempre.

Gracias sobre todo a la vida que me ha dado tanto, permitiéndome parafrasear a Mercedes Sosa, por haberme hecho poseedor del tiempo y de las ganas de tratar de plasmar en versos algunas de mis vivencias. Gracias a la suerte de haberme dado las herramientas para poder realizar uno de los deseos mas raros que he cumplido. Por supuesto a mi Madre, Padre, Hermano por apoyarme de un modo incondicional en tantas aventuras en las que me he embarcado, algunas veces a regañadientes. Gracias a mis hijos inspiradores de muchas de las mas bonitas batallas que he tenido que librar contra mí. Gracias a mis amigos Lola y Alfredo que siempre han creído en mi y si alguna vez no lo han hecho, se lo han callado. Gracias, Sergio Jurado, por apremiar y valorar lo que conoces de mí para hacer un prólogo lleno de afecto y amistad. Gracias, Gala Expósito, por tu portada, por entender lo que quería expresar con ella con tan pocas palabras y por analizar mi obra desde el reconocimiento de la lucha interna y las experiencias que reflejo. Por último dar las gracias a Laura, por provocar las circunstancias necesarias para dar por fin energía a la edición de este libro. No quiero olvidarme de José Antonio (Pepe para muchos de nosotros), por acompañarme en tantas y tantas historias distintas con el mismo final.

Y como no, gracias a ti que estás leyendo esto. De todo corazón, espero que alguna de estas frases, de alguno de estos versos, signifique algo en ti, y consiga que de algún modo puedas compartir conmigo sensaciones y sentimientos, que no te sea indiferente, que rasgue tu piel y erice tu nuca, y que sientas que son tuyos, porque así yo daré por buenas las lecciones aprendidas.

Desahuciado

Desahuciado en el ínclito deambular
de la vida por la muerte, quiero disimular

que ahora estoy roto y destrozado,
que mi vida en el agua. Un esbozo
de lo que siempre he imaginado.

Me lamento entre llantos y sollozos
de lo que tuve y ahora no tengo,
y ordeno a los dioses que en sus gozos.

¡Al fin! ¡Desterrad sin duelo a este efebo!
Rompiendo así las cadenas del tiempo,
tiempo ese lejano que ya no espera.

¡Romped!, ¡romped! Yo aquí hoy me arrepiento,
arrepentimiento este que me quema.
Estoy perdido, no encuentro camino

para ser. Ascender. Algo sincero
para comprender y asir el racimo
del sabio, que así fue fiel heredero.

Desterrad lamentos, escudriñando
la exigua certidumbre de vivir.
El destino se forja, ¡sí!, ¡amando!
Adorando la vida, hay que resistir.

Al réquiem del que se acuesta herido,
este efebo que solo tanto ha amado.
Este que de cuando en cuando ha sufrido,
el que por fin yace muerto, enterrado.

Con la derrota de la perversidad,
ha sucumbido mi frágil ánimo.
¿Qué nos dabas, indecente honestidad?
El doloroso y maltrecho camino.

Así que llorad, implorad el perdón,
que la parca segura y fría llega.
¿Para qué buscar un oscuro rincón?
Que el último trago no se delega.

Esta flecha lanzada a mi corazón,
hábil, fría por un demonio banal,
me ha lacerado frugal la razón,
me ha maldecido la cumbre carnal.

Sin rumbo

Qué rumbo escojo.
Estoy perdido.
Por estos rastrojos,
avanzo herido.

Dame la mano,
que viene tormenta.
Abre los ojos,
no tragues tierra.

¿Dónde meto mi olvido?
¡No me deja respirar!
¿Dónde te digo que lo tengo,
si no lo quiero soltar?

¿Te alejó alguien del mundo
para tenerte a su lado?
¿Lloraste? Es absurdo.
¿Por este susurro alado?

Cuando me haya ido,
no me dirás adiós.
Si ves que dejo mi olvido,
guárdalo en tu interior.

Que serán recuerdos tuyos
y seguro no los recordarás.
Si los guardaste tú, arpía,
que no me supiste amar.

Sigo sin ti

La ropa colgada me recuerda a ti,
las manchas de mi sucia camisa
llenan mi alma de angustia sin fin.

Se ha acabado la risa
y escribo de impotencia
al ver que no sopla brisa.

Con pasión desmedida, ¡clemencia!
Lloro de rabia sin prisa
al ver tu fría reverencia.

¿Qué premio es el sufrir?
¿Me agota el alma?
¡No puedo resistir!

Porque existe otro lugar en calma
al que mi vida va a vivir
donde tu corazón va con tu alma.

Entre campos en flor
y mares de dulce miel,
el sol les da calor.

Donde tu amor es fiel,
me está esperando el dolor
junto a las noches de hiel.

Donde la luna fría
salpica de plata,
no prometiste nada, vida mía.

Y yo tan tonto, ¿qué me ata
a esta vida que me lía,
que es besarte? Que me mata.

Quiero subsistir en este preámbulo
de caminos sin descubrir,
por los cuales sin rumbo deambulo.

Quiero ser caricia, sin pena recibir.
Quisiera ser el cálculo,
que un día me dejes vivir.

Perdona que me desprenda
para poder recordar tu risa
de este perfume que impregna la senda.

Que envuelve mi vida
de sueños e historias,
aunque ya destruida.

Ser aire de primavera,
ser lienzo para glorias,
ser alma, la más sincera.

A mi Córdoba

Córdoba me tiene el alma enamorada.
Llena de vida, de luz, de color…
Rezuma bohemia en la madrugada,
respirando un perfume embriagador.

Cuando por sus calles caminas
y miras esa tierna flor,
que por tu lado pasa
obsequiándote con su amor.

Crees estar en un sueño,
judería abajo, inundado por su olor,
recogiendo un lamento pequeño
por estas calles con candor.

Pero escucha el silencio
de esta noche que ilumina
y procesa el juicio lento
que te turba y que te mina.

A ti, Córdoba, han venido a elogiar,
por tus parques, la muralla,
por ese alcázar que, al caminar
por sus pasillos de flores, calla.

Disimula que no te enteras
y la humildad te será otorgada,
que este cariño se orada
recorriendo calles enteras.

Duermes en un lecho de siglos
y has desechado a tu antojo
sueños de reyes, caprichos;
han disfrutado de ti mil ojos.

Desahuciado (Bis)

Desahuciado en el ínclito caminar
de la vida por la muerte,
quiero disimular

que estoy roto y destrozado,
que mi vida es un esbozo
de lo que siempre he imaginado.

Me lamento entre sollozos
de lo que tuve y ahora no tengo.
Y sugiero a los dioses, en su gozo,
que destierren a este efebo.

Romped las cadenas del tiempo,
ese que ya no os queda.
¡Romped! ¡Romped! Yo me arrepiento
del que a mí me quema.

Estoy perdido, no encuentro
camino para ascender, algo sincero
con lo que pueda comprender
y con ese sueño renacer.

Desterrad el lamento, escudriñando
la poca esperanza de vivir,
que el camino se hace andando.
Tenéis que resistir.

Al réquiem del ya herido,
el que tanto ha amado,
ese que tanto ha sufrido,
el que yace aquí enterrado.

Con la derrota de la perversidad,
ha sucumbido el ánimo
que nos daba la honestidad
del ya mencionado camino.

Así que llorad por el perdón,
que la muerte acecha
si no encontráis un rincón
del que cubriros de esa flecha.

Que directa al corazón ha lanzado
el demonio de lo vacío, de lo banal,
ese al que estáis abrazados,
ese que no dejáis de adorar.

En el extremo de la figura,
encontramos un ídolo nuevo.
Con la idiosincrasia de esa ruptura,
por vuestras almas ruego.

Siento que todo termina

Siento que todo termina
cuando escucho cerrar la puerta
con los cuatro golpes que minan
lo frágil de mi osamenta.

Versos que apenas recuerdo
me hacen creer en el principio
y sin embargo en llantos me pierdo,
buscando en la ciudad un sitio limpio.

Dónde esconder mi angustia.
Dónde dejar mi pesar
y dar a tu mirada mustia
alegrías sin ningún mal.

Intento romper el refugio
donde las horas pierden sentido,
esperando a solas en tu cama
que vuelvas a dormir conmigo.

Ven a mi lado,
no te vayas a volar,
no me dejes así, helado.
Quiéreme un poco más.

Olores

En la confusión del momento,
desato la tempestad.
El viento ulula lamento
y me pierdo en la ciudad.

Disfruto del beso cálido
que aquella noche me diste
mientras me dices desnuda
que tu amor está muy triste.

La ilusión invade mi alma,
por fuera yo estoy en calma.
Y el tormento desapareció
en el instante que oí tu voz.

Bésame el torso desnudo
que tan cálido abrazaste ayer,
que no puede haber en el mundo
amor tan puro de mujer.

Sonidos

Deseoso en los besos que no doy,
araño el azabache y frío brillo
en esta noche que, como un chiquillo,
a amarte como un loco voy.

Sin que sepas seré tormenta,
acariciando las pupilas dulces
de un alma con mil cruces
en la que una pena regenta.

Como sal en una herida,
escoceré en tu rencor
para que te sientas querida
y me puedas dar tu amor.

Vivo fuera del bullicio
en el que mi vida se pierde
al son de un duro vicio
que es no poder quererte.

Con caricias de terciopelo
intento no desquiciarte.
Acariciando tu negro pelo,
intento desenredarte.

Tapando la voz del tormento
en un profundo sopor
que crea en mí un lamento
y me invade como vapor.

Durante mucho tiempo

Durante mucho tiempo,
he llorado sin remedio
más de un día, más de un ciento
de días sufriendo.

Qué vacío estaba,
que sin frío temblaba,
sin amarte amaba
y sin dormir soñaba.

Lloraba y lloraba, mas sin saber
que un sol de invierno
iba a parecer.

Para calentar mis quehaceres
y hacerme comprender
que en la vida siempre hay bienes
y no debes perecer.

Tras el primer suplicio,
que te lleve al precipicio
de este invisible nacer.

Y me dolió el corazón
del miedo que me produjo
el darme cuenta sin razón
de que estaba bajo su influjo.

Que ya no había remedio.
Que, hiciera lo que hiciera,
el corazón estaba en medio.

Y mi vida, dulce azucena,
sin espasmos te iré cediendo
para que con estos harapos
podamos seguir riendo.

Hoy podría continuar diciendo:
«¡Ámame con locura!
¡Ámame, que ya no hay cura!».

Hemos roto

No hay día que no lamente
el amargo sabor de amar,
no hay hora que en mi mente

mantenga ilusión al llorar,
pues un fuego, dolor reciente,
me ha roto una vez más.

Me ha cortado el flujo ardiente
en pos de una virtud
a la que yo le he hincado el diente.

Y todos los sentimientos en un alud
se han convocado en tormento
y han apagado mi tenue luz.

Lo peor es este lamento
que no me deja respirar
al compás del sentimiento.

Pues, cuando empecé a volar
y más cerca de ella estaba,
me caí de boca al tropezar
con la realidad en que me ahogaba,

que era no ver, sentir;
que era no distinguir
lo que ella a mí me daba.

Mi vida he destruido,
pues siento que mi lamento
no tiene hora de fin.

Y lloro este tormento
a solas, en soledad,
sin tener más sentimiento

que el de una rabia sin par,
que me vacía y me duele,
que no me deja respirar.

Que ahuyenta de mi alma breve
el sentimiento de libertad,
de mi vida parca y leve.

Otro amor de porcelana
que me ha roto el corazón
por quererla con tanta gana
y darle toda mi ilusión.

Tú eres para mí

El faro en el mar.
La luz en mi camino.
La perdición sin más.

La ola que vuelve,
pero nunca igual.
El agua que hierve,
el alma al amar.

El dolor de amor,
de amor ardiente,
reventando al albor.

Obviando lo absurdo,
en tu alma me hundo.
Sin ningún pudor.

Y la pregunta que te hago
inténtala contestar,
pues en este profundo lago
contigo me quiero ahogar.

El temblor de la tierra,
que en la oscuridad
del deseo me encierra.

Tú eres para mí la orilla del río,
a la que la honda del agua se acerca
para hacer sentir la humedad y el frío
en los pies del que te observa.

Y la pregunta que te hago
inténtala contestar,
pues en este profundo lago
contigo me quiero ahogar.

¿Quién no se ha traicionado a sí mismo alguna vez? Silencio

Callad…, escuchad el silencio
que aboga hacia el rencor,
dando sentido de necio
a este profundo dolor.

Y no lloréis de pena
si mi alma veis marchar,
que mi vida no es sincera,
que ya no quiero luchar.

Que esa fuerza de duros lazos
que me caracterizó atrás
se han perdido en unos brazos
que no me quisieron jamás.

No son de una mujer,
que ellas ninguna culpa tienen.
Son de un amigo de ayer,
él conmigo siempre viene.

Me vendió por cuatro perras.
Ni mirarme a los ojos puede.
A ti, traidor que te encierras,
en mi corazón ya puedes

romper las costuras que quieras,
que este callo ya no duele.
Cámbiame luz por tinieblas,
dame la vida que tú tienes.

Separarme de ti no puedo,
pues tú eres yo mismo, yo.
Pero no seas cruel y mantente
fiel a tu condición.

Mi sino

No sé de qué me extraño,
mi vida es siempre igual.
Siempre quiero y me engaño
al sentirme respirar.

Me siento vivo al querer,
mas la soledad es mi sino.
Y en ella pereceré,
siguiendo mi senda, mi destino.

Más dolor en mi pecho,
pecho de enamorado,
que me llevará hasta el lecho
del suspiro condenado.

Sin ilusión, sin ternura,
sin pasión desmedida.
Me vuelvo loco en la duda
de una nueva despedida.

Que otro adiós se ve tan cerca
que creo que ha llegado ya
la hora en la que abierta
mi herida vuelva a sangrar.

Sé que tengo poco en mis manos,
riquezas no puedo dar.
Solo este latir ajado,
de él no me puedo separar.

Que el tiempo es mi desdicha
y la vida mi caminar.
Mas no consigo que la brisa
acaricie mi piel al andar.

Amigo Coleto, Miguel Coleto

En la eternidad del tiempo,
arrastro la desidia
de encontrarme sin aliento,
arrastro la apatía.

En esta paradoja de eternos lamentos,
en la que me encuentro obsoleto
por desastres y sentimientos,
busco la luz de mi amigo Coleto.

Tradiciones perdidas que recupero,
ilusiones vividas que ya pierdo,
conversación compartida compañero,
mi vida ya no es un desierto.

Compartimos alegrías,
que pena antes nos dieron,
alegrándome hoy en día
de que las penas se fueron.

Antropólogo de cuentos
e historias de etnología,
sueños descubiertos
aquella mañana fría.

Mi viaje

Hoy parto, no pienso en la vuelta.
Tras de mí, un reguero de almas por contentar.
Y no consigo a esas personas olvidar,
las que me dieron cariño sin más,
las que curaban de mi corazón la soledad,
llenaban mi vida de palabras rotundas,
intentando ayudar a remar.

Pero solo si me puedo perdonar quiero volver
y ser abrazado por sus brazos,
aceptando la derrota,
que así es y será
aunque me vuelva a equivocar.

Sé que me queda un buen trecho,
pero los tengo que alcanzar.
Para que vuelvan a confiar,
no tengo nada que demostrar.
Solo no perder la oportunidad
de enfrentarme a mí mismo
y al fin no dejarme pisar.

Se acerca el momento,
creo que ya lo siento,
debo esperar al viento,
que se inunde de aire mi aliento.

De amor lleno el vacío,
de luz la oscuridad,
el cielo lo hago mío
y mi alma con bondad.

Humildad con el dolido,
cariño al que me haga mal,
silencio al que me grite
y el amor siempre por dar.

Ligero es el bagaje
que debo llevar en mí.
Grande la elocuencia
para poder vivir así.

Ni miedos ni mentiras
que me puedan destrozar.
Ni sueños ni caricias
que no me quieran dar.

Como un cuento

Anoche soñé contigo,
fue como un cuento de hadas.
Yo era el príncipe del cuento,
tú la princesa encantada.

Yo besaba tu boca,
tú mi pelo acariciabas
y las estrellas del cielo
de felicidad lloraban.

Cuando yo desperté
y vi que me faltabas,
quise dormirme otra vez,
pero el sol no me dejaba.

Enero

Siempre he estado escondido
entre sombras y nombres,
por caminos y ríos perdido.

Nunca quise dar la cara,
siempre me gustaba estar lejos
y me techaban de persona rara.

Pero me miré al espejo
del que la melancolía me hablaba
para dejar de ser reflejo.

Vi entonces mi alma.
Era dulce, enamorada,
llena de sueños y en calma.

Rompí sin duelo cadenas;
deshice lazos, nudos;
volé desde las almenas

a buscar otra alma desdichada
que en mis brazos se sintiera segura,
que por mis labios fuera amada.

Y encontré muros, piedras,
hachas doradas, flores,
humedades en las hiedras.

Soplidos de llanto inerte,
vientos de amor distante,
pasiones de amor ardiente.

Calor, siempre calor en el ambiente,
pero ¿y mi alma amada?
Siempre vacía, aunque complaciente.

Aun llora por el mar sereno,
que mi corazón de trueno
no entiende. ¿Por qué siempre está en enero?

Resucitando

He vaciado los ojos de rabia.
He vivido mil noches de antojo.
He llenado mi espacio con savia
del árbol del que alimento recojo.

He malgastado mis noches,
no he disfrutado del alba.
Ha manipulado mis soles
y he madrugado en el alma.

He roto mis ilusiones,
me he aguantado mis ganas,
se me partieron las razones
levantando mi ser en armas.

He descubierto que tus sabores
me han conciliado y equilibrado.
Y satisfecho de mil amores,
abrazo el amor del ser amado.

Anhelo

Delante del verso roto,
encuentro otro placer:
distinguir amigos,

ríos perdidos,
pétalos caídos,
lloros de amarga miel.

Pañuelos que anuncian
la partida de otra partida
de canallas en la mar,
robándole al cielo pardo
cientos de olas, aun más.

Le robaron el alma a un sol naciente
que, sufriendo el frío helado del fin,
confundió con una estrella ardiente
el dolido morir de un infinito confín.

Malgastaron las fuerzas del mar,
destrozaron las cadenas,
las velas las volvieron a atar,
atracando así en mis venas.

Dándome el temer de sentir calor de amor
y rompiendo el silencio con pavor,
dándome el tronar de esta pequeña flor,
encontré al fin mi sinsabor.

Que en soledad anhelo,
cabalgando entre las olas,
llenar mi corazón de terciopelo
y llorar mi desgracia a solas.

Divagaciones

Encontrar amor es imposible,
camino lentamente por los parques,
con un paso y un destino imprevisibles,
sobre un manto de oscuros ocres.

De mares lleno mi garganta,
que a tragos largos he ido tragando,
mil vidas bajo y sobre una manta
apagando llamas, causando llanto.

Rompiendo largos restos
que a las personas enloquecen,
haciendo de mi alma harapos,
mantillo en el que nada crece.

Ilusiones venideras, no huyáis de mi camino.
Confesiones inconfesables que me guarda un amigo.
Derrochando en esta espera mi alma, mi dios, mi sino.
Y, sin embargo, cada día más triste estoy conmigo.

Qué desdichado soy al no tenerte
y la pena que inunda el mar
no me deja ya salar
este pan inocuo, inerte.

Mi alma truena de ilusión
al poder descubrir,
como una colmena en ebullición,
que puedo sobrevivir.

Sobre el cielo

Sobre el cielo, una esperanza.
Sobre la mesa, una razón.
Entre las manos, una alianza.
Entre tú y yo, un corazón.

Sobre las aguas, sosiego.
Sobre la cama, pasión.
Entre deseos navego
henchido por una ilusión.

Cruzamos caminos, juntos
sabemos atrás mirar,
lloramos por nuestros asuntos,
reímos tras aclarar.

Probamos delicias nuevas,
manjares de uvas y pan.
Superando muchas pruebas,
venceremos las que vendrán.

Pues con mi cálido sol caliento,
caliento con mi sol la eternidad,
esa que fluía entre lamentos,
esa que acogía sin humildad.

Ese cálido aliento
me otorga tiempo de amar,
esa luz es mi sustento,
me hace suspirar.

Me sirve como alimento,
la utilizo para volar.
Disfruto con ella del viento,
me ayuda siempre a soñar.

Entre montañas y valles,
entre la tierra y el mar,
no creo nunca que halles
almas que se puedan amar

con la fuerza de mil huracanes
y la ternura de mil caricias,
con el calor de mil volcanes,
con locura, con pericia.

Dame la mano, suave.
Toma tú un beso. Rubor.
Toma mi vida y la llave,
toma mi vida y mi amor.

El viento

El viento susurra nombres.
El alba me tira besos,
con calma me voy durmiendo.

Entro en la penumbra
del descanso que merezco
y recorro la senda solo,
la senda de los sueños.

Recorro más de mil millas,
llegando al centro del sol.
Su calor me está abrasando,
pero la luna me da su amor.

Me voy hundiendo poco a poco
en el mar de la ilusión
y mi llanto helado a poco,
el barco no lleva timón.

Vago y vago sin parar,
gozo y gozo al navegar.
Y cuando el barco escora,
siento mi alma volar.

Si los suspiros que anhelo
no los vuelvo a encontrar,
nada en el mundo me impide
que yo vuelva a soñar.

Yo. Y el mar

Desde donde sitúo mi alma,
no diviso nada,
solamente el mar en calma.

En este lugar que mis manos tocan,
no siento nada,
solamente el mar en calma.

Donde cruzo mi camino,
no encuentro nada,
solamente el mar en calma.

Y quisiera que no fuese nada,
que no me asustara nada
esta mañana clara.

Me refugio de los rayos del sol,
de esa claridad suprema
que daña mi dolido crisol.

Y me escondo de mi imagen,
que descubre un gran bagaje
de sinvivires en este viaje.

Pues el mar que en calma está
antaño quiso volcar
mi barca, mi alma. El mar.

Con mi piel toda salada,
arranco un puñado de arena,
levantándome de mi condena.

Que ya basta de sufrimiento,
pues de este duro tormento
mi corazón se liberó.

Volver a empezar

En el corazón, una pena;
en el alma gran dolor;
en vez de sonrisa, mueca.
La mirada sin color.

Profundamente, solo,
solo quiero un amor,
algo que, sin ser de oro,
me dé riquezas, calor.

La piedra desnuda invita
a no esconder la razón,
las manos levanto al viento,
rechazando mi crisol.

Sin luchar no me quedo,
que no quiero desolación.
Con mi vida aún navego
para llenarla de pasión.

Cuando me vaya

No pretendo un hola civilizado,
no me des un adiós sin civilizar,
no rehúyas de mi perdón desolado,
no permitas que tu alma pueda odiar.

Abrázate a la vida sin despecho,
acaricia las heridas sin parar
y no hagas de tu amor un desecho
que no puedas nunca perdonar.

Colorea las mañanas de tul celeste,
despiértate con agradable sensación.
Olvida que yo quise perderte,
recuerda que siempre tendrás razón.

Con la vida por falsete,
dueña de cien razones,
siente el latir ardiente,
tu amor y tres corazones.

12 de junio de 2012

Regalos

Por ti me perdería
en un desierto de dolor
si con esto consiguiera
un poquito de tu amor.

Entre los párpados, un sueño,
dejando que el agua corra,
procurando ser el dueño
del amor que me amodorra.

Que a tu lado me sujeta
una pasión ilusionada,
unas caricias que se delatan
en la oscuridad iluminada.

Por la tenue y cálida luz
de la vela que me alumbra,
tus sueños, tu faz, eres tú
lo que me salva de que me hunda.

Promesas

Somos solo granos de arena
en el desierto del mundo,
solo somos ratos de pena

penetrando en lo profundo,
que se acercan, que se van
haciendo un ruido rotundo.

Que decidimos querernos,
que procuramos odiarnos,
que sentimos tenernos,
que no olvidamos amarnos.

Que sin odiarte no sé si estás,
que sin tenerte no sé si vas,
que sin amarte no puedo amar.

El tiempo que ya ha transcurrido
nos ha marcado sin piedad,
huracanes nos han aturdido,
sin dejarnos en soledad.

Cabecita con cabecita,
corazón con corazón,
para amarte tengo una cita,
y esta tarde con razón.

Nos unimos en matrimonio,
nos juramos más amor,
pero no por treinta años,
hasta que aguante el corazón.

Y así de buena muerte
acompañar mi razón
hasta el lugar en el que vierten
los años, la soledad y el dolor.

Tu boca con mi boca

Mis labios y los tuyos
se han rozado, casi se tocan.
Como un relámpago,
tu boca con mi boca.

Me ha temblado el alma,
se me ha salido el corazón,
Descuidando mi ser, mi calma,
se me ha turbado la razón.

Quiero perderme en tu mirada,
tan dulce y cálida, enamorada.
Sintiendo tu sonrisa descarada,
inundando mi todo, ilusionada.

Amo todo, lo que tocas,
lo que pisas, amo todo.
Amo todo, lo que miras,
lo que mimas, amo todo.

18 de noviembre de 2010

Esperanza

Cuando cierro los ojos, cuando los abro.
Cuando miro al recuerdo, cuando lo espanto.
Cuando atraigo al silencio y lo echo gritando.
Cuando escucho un susurro y lo callo hablando.

Todo eres tú
caminado en verdel pazo.
Todo eres tú,
ilusionada en mi regazo.
Todo eres tú
pintando el mundo con valiente trazo.

Complácete en recordarme
sin dolores con anhelo.
No dejes de alumbrarme
como el sol en el cielo.

Que soy leal a mi elección
y en mis brazos soñarás,
pues tú eres mi crisol,
mi camino al caminar.

20 de octubre de 2010

Blanca era la rosa

Una rosa blanca
he puesto en tus manos,
una calle ancha,
unos besos raros.

Un suspiro impaciente
atravesó el espacio.
Un sueño ardiente,
mis manos sobre ti, despacio.

Con paciente tempo,
calculo el próximo paso
para pasearme en tu cuerpo,
para lanzarme a tus brazos.

Así, por fin, lo soñado,
caminar contigo
juntos de la mano.

3 de diciembre de 2010

Cualquier cosa es posible

Principio de incertidumbre,
cualquier cosa es posible,
todo puede suceder,
una verdad indisoluble.

Hablarás claro, con fuerza;
tendrás ganas de gritar,
escupiendo cada franqueza
sin miedo, con humildad.

Con cariño, con respeto,
harás tus palabras llegar;
sin ningún contratiempo,
podrás tu vida valorar.

Consigues el reconocimiento
de todo el que te rodea,
pensando que todo es cierto,
que a ti nadie te malea.

14 de mayo de 2012

Juntos

Estás siendo cabal, cercano,
honesto, convincente,
tomándome de la mano;
no me afecta la gente.

No dejas que horade tu confianza
en mí, en nosotros dispuesta,
para que el trabajo salga
y la confusión salga por la puerta.

Codo con codo trabajamos,
doblamos la espalda al máximo,
con gestos y palabras ayudamos
a que el trabajo sea armonioso.

Este aprecio sincero que a los dos nos marca
lleva a esta compenetración.
Por trabajar como trabajamos,
seguimos con cariño y amor.

Córdoba, 7 de noviembre de 2012

Conjeturando

He bogado en ríos secos,
perturbado por mis recuerdos,
intentando alumbrar la noche
que el miedo ha ido meciendo.

Credenciales de soñador,
ilusionado en mis pasares,
que de día a noche fundió
haciendo de mi ropa retales.

Giró mi alma en seco
y creó un poco de luz
para dejar algo de eco
por los gritos de mi cruz.

Carmesí mancha
delata ya mi estación,
que blandiendo en ristre el hacha
has partido mi razón.

Rapta mi desdicha,
llévala a volar al sol,
que se queme allí la cincha
que ata mi vil razón.

Cosido el ribete
de lo poco de mi voz,
delinque en ti, dulce, brúñete,
el negro corazón.

Que la ola del segundo,
que en primer lugar se ahogó,
dejando sin aire limpio
el refugio de tu amor.

Antes de muerto

Por salir de tu lado,
vacié mi alma,
amé otros cuerpos.

Llorando tu ausencia,
envejecí el cielo,
que plomizo y gris
se quedó en mi pelo.

Rompió mis huesos,
ató mi anhelo;
sin olvidarte,
me fui muriendo.

Mi suspiro
susurró tu nombre,
modulando el aire,
sonando eterno.

Mi corazón parado
quedó sereno,
llenando la habitación
de oscuridad.

Sin tiempo,
sin causar conmoción,
lloró el cielo sin celo.

Recuerdo

En los ratos de melancolía,
se desvelan mis miedos,
mi mente vuela y se lía
con los recuerdos de los celos.

De cuando amas como un niño
a princesas y luceros,
cuando la vida te hace un guiño
tomando besos enteros.

Bebiendo juegos
que luego lejos
se reflejan en espejos,
secando riegos.

Serio, de forma formal
ante el rumor de sus alas,
duerme el verso real
y en el alma cálida calas.

Inundando de sueños,
de piadosos lujos,
postrado ante empeños,
para saborear los jugos

de este infantil lapso
de veranos inacabados,
de este error craso
de corazones abandonados,

de regresos y de esperas,
de que nadie te espere,
de salidas de andenes
en estaciones desiertas.

En resonancia

Suena en mí una melodía
que me inunda, me embelesa,
me miente, hace de mí agonía
y, cuando se va, lloro y me besa.

Derrochando tonos, ritmos, notas,
agita el espacio de mi mente,
arreglando cosas rotas
que en mi simiente están latentes.

Arrebatando toda histeria
de lo loco de mi vida,
apaciguando, siendo etérea
para ir cerrando la herida.

Conjugando amor, caricias;
mezclando palabras con saliva;
declinando poemas, albricias,
para dejar de ser cautiva.

La palabra va saliendo,
creando así mi vida,
encontrando algún sustento
para el alma que lo pida.

Amores, soledad, vacío,
pasión de vivir ardiendo
en el fluir de este río
que la vida va meciendo.

A una madre

Dulce ser, alma dulce,
cuna y miel, sol que luce,
has de ser parada en cruce,
sustento cierto. Alma dulce.

Refugio de sueños pueriles,
abrazo de pétalos de flor,
caricias, mimos, besos infantiles,
alimento de claro amor.

En los pasares del viento
brinda protección.
Nido de sentimientos
evoca siempre razón.

La imagen que estáis viendo
en la mente con candor
es el reflejo cierto
de una madre y de su amor.

¿Cautiva?

Esperabas que la vida
entrelazara tu mente
con el recuerdo latente
del fin de la partida.

Partida de brazos
que dolían, que abrasaban,
que el suspiro perfilaban
con el devenir de esos trazos.

Trazos de tiempo ajado,
reventando entre las cumbres,
en las que sin querer te subes
en una gran diástole alada.

Alado como el error
de pronunciar un nombre,
ya sea de mujer o de hombre,
sumida en el rencor.

Diste pie a que te mirara;
quisiste para ti sus brazos;
te sientes sola, aterrada;
no quieres perder sus pasos.

Joven niña ilusionada,
yo cantaré fiel tu canto,
haré coros con tu llanto,
llanto de alma arrasada.

Para mecerte en mi barco,
las lágrimas, si estas vinieran,
si las risas y las caricias partieran,
yo apretaría bien los lazos.

Como el vuelo de un cuervo

Como el vuelo de un cuervo,
igual que un nido de ratas
ensordeciendo al mundo eterno,
la traición de tu alma delatas.

Siempre quisiste hacerte daño
jodiendo a los demás,
creando la soledad de antaño
en tu corazón nada más.

Yo no te odio,
no puedo ni quiero odiarte.
Solo pido que seas feliz
para que tu vida sea próspera y linda.

Que la luz ilumine tu vida
para que tu camino
sea próspero y seguro,
que llegue a tu corazón
un amor de pasión

que derrita tus enquistados recuerdos
para hacerlos fértiles y dichosos,
y recuerdes con risas
el anterior caminar.

25 de mayo de 2012

Reflexiones

Sentado en el banco,
mirando la jacaranda, sus flores lilas,
su corteza arrugada, sus nudos,
sus sarmientos, su sombra calma.

De rama en rama se va posando
un pajarillo huidizo,
levanta el vuelo, se va volando,
y yo aquí solo voy recordando.

Recuerdo el último segundo,
cuando te miraba huyendo,
cuando en mi último susurro
miraba lo que dejaba hambriento.

Injusto soy en mi vida contigo;
culpable, rompo el rotundo lamento
que orada mi voluntad, mendigo
del saber que no soy sustento.

Arrojo de pútrida carne
mirando a los ojos al miedo
mientras mi alma arde
por el dolor de este credo.

Siento tus ojos mirándome
con terrible odio sincero
y no dejo de cansarme,
alama dulce de hielo.

L. A. S.

Era sencillo caminar a tu lado.
Sentir tus dedos en mis manos,
erizando el momento,
destrozando el tálamo «en mis venas».

Creando recuerdos y camino
con cada suspiro acompañado,
alumbrando frutos y futuros
en besos de amor destilado.

Desarbolado después de la tormenta,
aguantando la distancia, la ausencia cierta,
como cierto será «el encuentro»,
esperando en la paciencia.

Nos recuerdo sobre unas rocas
mirando en lontananza,
acariciándonos las almas,
distinguiendo «algo que sirva como luz».

9 de marzo de 2023

EPÍLOGO

Con la pluma enraizada en el corazón, este libro de poemas se despliega como un vasto jardín de emociones entrelazadas, bordando la tela de la vida con hilos de pasión y melancolía. Cada verso, una ventana abierta al alma, revela la danza eterna entre la dicha y el desencanto, entre el amor que eleva los sueños y el dolor que anida en las profundidades del ser.

En este epílogo, las palabras se convierten en arpegios, narrando la sinfonía inacabada de una vida entregada al vaivén de los sentimientos. El lector, al cerrar estas páginas, no se despide de un mero conjunto de versos, sino que se sumerge en la corriente misma de la existencia, contemplando reflejos de sus propias luchas y triunfos sentimentales. Este epílogo no busca concluir, sino invitar a un viaje interior, a la introspección de los abismos y cimas emocionales que nos configuran como seres sensibles.

En este canto final, el poeta no proclama verdades absolutas, sino que despliega un tapiz tejido con la riqueza de lo humano: el eterno deambular entre la luz y la sombra, entre el espejo y el reflejo; una danza incesante en busca de su melodía única en el concierto del universo, hallando la belleza en la complejidad de los sentimientos; un recordatorio de que la vida, en su esencia más pura, se vive en la riqueza de las sensaciones, en la armonía de lo vivido y en la esperanza siempre renovada que late en cada página, en cada verso, en cada latido.

Gala Expósito

ÍNDICE